I

# BITCOIN PARA LA LIBERTAD FINANCIERA: UNA GUÍA PARA ADULTOS QUE BUSCAN UN FUTURO DESCENTRALIZADO

# DEL TRUEQUE AL BITCOIN: UN BREVE REPASO POR LA EVOLUCIÓN DEL DINERO.

Desde los albores de la civilización, la humanidad ha buscado formas de intercambiar bienes y servicios, y el dinero ha sido una de las soluciones más duraderas a esta necesidad básica. Al igual que un rascacielos en una ciudad, el dinero ha pasado por múltiples fases de construcción y desarrollo. Comencemos con un breve repaso por la evolución del dinero para entrar en materia.

## El Trueque

En los comienzos, estaba el trueque. Imagina querer un par de zapatos y, a cambio, ofrecías pollos. Aunque este sistema era simple, tenía sus problemas. ¿Qué pasa si la persona que hace zapatos no quiere pollos? Entonces, necesitábamos una solución más versátil.

## El Dinero Comestible

El arroz, el trigo y las conchas fueron usados como las primeras formas de moneda. Estos bienes tenían un valor intrínseco, pero también presentaban problemas. Podían deteriorarse, ser difíciles de transportar en grandes cantidades y, en el caso del arroz o trigo,

¡incluso podían ser comidos!

## Metales Preciosos

Luego, la humanidad descubrió los metales, en particular, el oro y la plata. Eran duraderos, fáciles de moldear y dividir, y difíciles de obtener, lo que les daba un valor inherente. Pero aún tenían el inconveniente de tener que ser transportados y resguardados.

## El Dinero Fiat

La modernidad trajo consigo los billetes y monedas que conocemos hoy. Este sistema, respaldado inicialmente por reservas de oro, se basaba más en la confianza que en el valor tangible. Sin embargo, con el tiempo, las reservas de oro fueron desapareciendo, y nacieron las crisis monetarias.

Y ahora, entramos en una era donde la tecnología y el dinero se fusionan para dar lugar a las criptomonedas, con el Bitcoin a la cabeza.

# BITCOIN: LA REVOLUCIÓN DIGITAL

Imagina un dinero que no es controlado por ningún gobierno, que es tan portable como un email, y que tiene un suministro limitado para proteger contra la inflación. Eso es Bitcoin. Es más que una moneda; es una revolución en cómo entendemos y usamos el dinero.

En este libro, exploraremos por qué Bitcoin es una de las invenciones más revolucionarias de nuestro tiempo, cómo puede ofrecer una protección contra las incertidumbres del dinero fiat y cómo puedes ser parte de esta revolución, invirtiendo y protegiendo tus activos.

Así que, ¿estás listo para sumergirte en el fascinante mundo del Bitcoin? Como siempre digo, para tener éxito en la vida y en los negocios, necesitas educarte. Y este libro es un excelente punto de partida.

# EL AMANECER DE BITCOIN: LA VISIÓN DE SATOSHI NAKAMOTO

Después de la crisis financiera de 2008, una sombra de desconfianza cubrió el mundo financiero. Los bancos, que eran considerados pilares de estabilidad, estuvieron al borde del colapso. En medio de este caos, el 31 de octubre de 2008, una figura misteriosa bajo el seudónimo de Satoshi Nakamoto publicó un documento que se convertiría en la hoja de ruta para una revolución financiera.

En su documento, Satoshi describió una moneda digital, un sistema peer-to-peer que permitiría a las personas enviar pagos directamente entre sí sin necesidad de un intermediario financiero. Además, estos pagos no solo eliminaban la necesidad de terceros, sino que también eran prácticamente instantáneos, liberándonos de la tediosa espera de días hábiles que a menudo acompaña a las transferencias bancarias tradicionales. En palabras de Satoshi:

*"Una versión puramente peer-to-peer de efectivo electrónico permitiría que los pagos en línea se enviaran directamente de una parte a otra sin pasar por una institución financiera."*

¿Por qué es esto tan revolucionario? Imagina poder hacer negocios sin tener que pasar por bancos, sin tarifas exorbitantes, y con total transparencia. Satoshi propuso que esto se lograra utilizando una combinación de criptografía y una innovadora red de consenso llamada blockchain.

# LOS FUNDAMENTALES DE BITCOIN

# Descentralización

A diferencia de monedas tradicionales, Bitcoin no depende de un banco central. En su lugar, depende de una red de computadoras distribuidas globalmente, conocidas como nodos. Satoshi lo mencionaba así:

> "La red es robusta en su simplicidad estructural y ausencia de un único punto de fallo."

## Protección Contra El Doble Gasto

Una preocupación con las monedas digitales es que alguien podría gastar la misma moneda dos veces. Satoshi resolvió este problema con el uso de la blockchain, donde cada transacción se verifica y se agrega en orden cronológico. Esto garantiza que cada Bitcoin solo pueda gastarse una vez.

## Minería Y Emisión Controlada

Para garantizar la seguridad y operación del sistema, Satoshi introdujo el concepto de minería. Aquí, los "mineros" utilizan el poder computacional para resolver acertijos matemáticos complejos y, a cambio, se les recompensa con Bitcoins. Esta es también la forma en que se emiten nuevos Bitcoins. Pero, como he mencionado antes, la cantidad total está limitada a 21 millones, protegiendo la moneda de la inflación.

> "El incentivo también puede financiarse con tarifas de transacción. Si el valor de salida de una transacción es menor que su valor de entrada, la diferencia es una tarifa de transacción que se agrega al incentivo del bloque que contiene la transacción."

Al leer el documento de Satoshi, me recuerda a algo que siempre enfatizo: la necesidad de educarse y adaptarse. Bitcoin no es solo una moneda; es una filosofía, una respuesta a un sistema financiero defectuoso y una visión de un futuro descentralizado.

# DESCENTRALIZACIÓN - LA VERDADERA REVOLUCIÓN DETRÁS DE BITCOIN

La palabra "descentralización" podría no ser la primera que viene a la mente cuando piensas en revoluciones. Sin embargo, en el contexto de las finanzas y la tecnología, es precisamente esta idea la que está redefiniendo las reglas del juego.

## ¿Qué Es La Descentralización?

Imagina una ciudad donde todo, desde el suministro de agua hasta la electricidad, se controla desde un solo edificio. Si algo le sucede a ese edificio, la ciudad entera se paraliza. Esta es una representación simplificada de un sistema centralizado. En contraste, la descentralización dispersa el poder y el control a lo largo de una red, eliminando un único punto de fallo y otorgando responsabilidad y autonomía a cada parte de la red.

## ¿Por Qué Es Tan Importante?

En un sistema centralizado, el poder reside en manos de unos pocos. Estos sistemas pueden ser propensos a la corrupción, a la manipulación y, en el peor de los casos, al abuso de poder. La descentralización, por otro lado, distribuye el poder entre muchos, promoviendo un sistema más equitativo y justo.

## Resistencia A La Censura

Un sistema descentralizado es difícil de censurar o controlar. Piensa en la libertad de expresión en el ámbito digital. Si una sola entidad controla la información, pueden controlar el discurso. Pero con la descentralización, la información fluye libremente, fortaleciendo la democracia y la libertad de expresión.

## Seguridad Mejorada

Al eliminar un único punto de fallo, la descentralización hace que la red sea más resistente a ataques y fallos. Es mucho más difícil comprometer una red entera que un solo punto centralizado.

## Mayor Innovación

La descentralización promueve la innovación al permitir que múltiples partes colaboren, experimenten y compitan. Las soluciones pueden surgir desde cualquier punto de la red, en lugar de depender de una única entidad para avanzar.

## La Descentralización en el Mundo Actual

Vivimos en una época en la que las instituciones y las estructuras de poder están siendo cuestionadas. Ya sea en términos de política, economía o tecnología, la gente busca alternativas que sean más transparentes, justas y resistentes. Bitcoin, con su diseño descentralizado, es una respuesta a esta demanda.

Como Robert Kiyosaki a menudo dice: *"En la vida y en los negocios, es vital adaptarse y anticipar los cambios"*. La descentralización no es solo una característica técnica de Bitcoin; es un movimiento, una respuesta a un mundo que anhela más transparencia, equidad y control individual.

En los siguientes capítulos, profundizaremos en cómo la descentralización, materializada en Bitcoin, puede ser la llave para una libertad financiera sin precedentes.

# ¿QUÉ ES BITCOIN?

## DESCIFRANDO LA REVOLUCIÓN DIGITAL

Imagina por un momento que tuvieras la oportunidad de retroceder en el tiempo y adquirir oro justo cuando las personas empezaban a comprender su valor. Oro, ese brillante metal precioso, ha sido durante mucho tiempo una representación tangible de riqueza, un refugio seguro para quienes buscaban proteger su patrimonio. Ahora, en la era digital, tenemos una oportunidad similar, no con un metal, sino con código: Bitcoin.

## Bitcoin Y El Oro: Paralelismos Brillantes

Bitcoin, a menudo referido como "oro digital", comparte varias similitudes con este metal precioso:

## Limitado En Cantidad

Al igual que no hay un suministro infinito de oro en la Tierra, hay un límite fijo de Bitcoins que pueden existir: 21 millones. Esta escasez artificial asegura que no pueda ser devaluado por la simple creación excesiva de más unidades.

## Valor Reconocido Globalmente

Tal como el oro es reconocido y valorado en todo

el mundo, Bitcoin ha logrado una aceptación global, siendo reconocido como una forma de valor por millones alrededor del mundo.

# LA TECNOLOGÍA DETRÁS DE BITCOIN: BLOCKCHAIN

Entonces, ¿cómo funciona este "oro digital"? Todo se reduce a una tecnología revolucionaria llamada blockchain o cadena de bloques. Imagina un libro contable que registra todas las transacciones, y que este libro no se guarda en un solo lugar, sino en miles de computadoras en todo el mundo. Cada vez que se realiza una transacción, se verifica y se añade a este libro.

El genio detrás del blockchain radica en su transparencia y seguridad. Una vez que una transacción se añade, es prácticamente inalterable. Si alguien intenta modificar un registro, toda la red lo detectaría y rechazaría el cambio. Esta estructura descentralizada, combinada con criptografía avanzada, hace que el blockchain de Bitcoin sea extremadamente seguro.

## Creación Y Transferencia De Bitcoins: La Minería

Uno podría preguntarse, si Bitcoin es digital, ¿cómo se "extrae" como el oro? La "minería" en el mundo de Bitcoin se refiere al proceso de validar y registrar transacciones en la blockchain. Los mineros utilizan poderosas computadoras para resolver complejos problemas matemáticos. Al hacerlo, verifican las transacciones y las añaden a la cadena de bloques. Como recompensa por este trabajo, reciben Bitcoins recién "extraídos" o creados.

¿Qué sostiene y garantiza la integridad del Bitcoin? Cuando transfieres Bitcoins, no estás enviando una moneda física, sino que estás haciendo una entrada en la blockchain que dice que esa cantidad de Bitcoin ahora pertenece a otra dirección. Es un intercambio de valor registrado y verificado por la red.

Imagina un libro contable que registra todas las transacciones de Bitcoin. Pero en lugar de estar en un solo lugar, hay una copia exacta de este libro en miles de computadoras alrededor del mundo, conocidas como nodos.

Cada vez que alguien quiere hacer una transacción, esta debe ser verificada. Todos los nodos comparan sus libros contables para asegurarse de que la información coincide. Si más del 50% de los nodos están de acuerdo en que la transacción es válida, se agrega al libro. Si alguien intenta engañar al sistema modificando una transacción en su copia del libro, fácilmente será descubierto, ya que su versión no coincidirá con las de los demás. Esta necesidad de consenso entre todas las copias del libro asegura que las transacciones en el blockchain sean transparentes y, una vez registradas, prácticamente inmutables. Es esta combinación de transparencia, consenso y seguridad criptográfica lo que hace del blockchain de Bitcoin un sistema tan robusto y confiable.Al final del día, lo que hace que Bitcoin sea tan fascinante no es solo su potencial como inversión, sino su capacidad para desafiar y redefinir nuestra percepción del valor y la transferencia de riqueza. Es una combinación de principios económicos probados con la más avanzada tecnología. Y tú, querido lector, estás en el corazón de esta revolución.

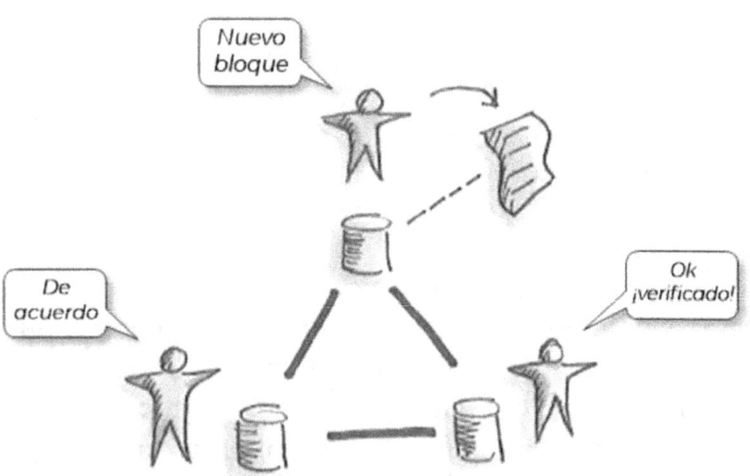


*Pequeña representacion de cómo fuinciona el mecanismo de consenso en la blockchain.*

# BENEFICIOS DE BITCOIN

En el mundo financiero, siempre es importante subrayar la necesidad de educarnos y de pensar en formas innovadoras de proteger y crecer nuestro patrimonio. Bitcoin, sin duda, se presenta como una herramienta moderna que responde a estos criterios. Analicemos por qué.

## Bitcoin: Una Barrera Contra La Inflación

Uno de los grandes problemas con el dinero tradicional es su susceptibilidad a la inflación, especialmente cuando los gobiernos deciden imprimir dinero de la nada. Esta práctica diluye el valor del dinero, afectando el poder adquisitivo de tus ahorros. Bitcoin, con su suministro máximo fijado en 21 millones, ofrece una alternativa más estable, al no estar sujeto a políticas monetarias impulsivas.

## Descentralización: Desafiando El Paradigma Bancario

Los sistemas bancarios tradicionales operan bajo una estructura centralizada, donde una entidad tiene el control y, en muchos casos, ese control puede ser perjudicial para el individuo común. Bitcoin, en cambio, opera de forma descentralizada. No hay intermediarios, y tú eres el verdadero dueño de tu dinero. Es un paso hacia la autonomía financiera.

## Una Visión De Inversión A Largo Plazo

Durante años, he hablado sobre la importancia de invertir y de buscar activos que ofrezcan un retorno sustancial. Aunque Bitcoin es volátil y, como toda inversión, conlleva riesgos, no se puede negar su trayectoria ascendente y el interés creciente del mercado. Con la adopción masiva en aumento, Bitcoin muestra signos de ser una inversión prometedora para aquellos que están dispuestos a educarse y a navegar por sus aguas con prudencia. En este contexto, Bitcoin emerge como una herramienta que no puede ser ignorada. Su potencial como activo, y la revolución que representa frente a los sistemas monetarios tradicionales, lo coloca en el centro del escenario financiero contemporáneo.

# RIESGOS ASOCIADOS CON BITCOIN

Así como en cualquier inversión, no todo es un mar de rosas. Al igual que he enfatizado en numerosas ocasiones la importancia de entender tanto los beneficios como los riesgos, en el mundo de Bitcoin, esta regla no es la excepción.

## La Volatilidad De Bitcoin: Una Doble Espada

Bitcoin, a pesar de sus promesas y su potencial, es conocido por su volatilidad. Su precio puede aumentar o disminuir drásticamente en cortos períodos, llevando a inversionistas a ganancias sustanciales o, en el peor de los casos, a pérdidas significativas. Esta naturaleza volátil puede ser emocionante para algunos, pero también es un llamado a la cautela.

## La Educación: Tu Mejor Aliado

En cualquier inversión, la ignorancia es tu peor enemigo. La falta de comprensión sobre cómo funciona

Bitcoin y el mercado criptográfico en general puede ser costosa. Antes de sumergirse, es esencial empaparse, aprender y comprender. No hay sustituto para la educación financiera adecuada, especialmente en un campo tan novedoso y en constante evolución como las criptomonedas.

# CONSEJOS PARA NAVEGAR CON SEGURIDAD

# Diversificación

Nunca pongas todos tus huevos en una sola canasta. Así como diversificar es una estrategia clave en el mercado de valores, lo mismo aplica para las criptomonedas.

# Monederos Seguros

Protege tus inversiones. Utiliza monederos físicos (también conocidos como cold wallets) para almacenar grandes cantidades de Bitcoin. Son menos susceptibles a hackeos que las billeteras en línea.

# Investiga Y Actualízate

El mundo criptográfico cambia rápidamente. Mantente al día con las últimas noticias y tendencias. Participa en comunidades y foros donde los expertos comparten sus opiniones y conocimientos.

# Invierte Lo Que Estés Dispuesto A Perder

Es un consejo clásico, pero vale la pena repetirlo. No inviertas dinero que no puedas permitirte perder.

Invertir en Bitcoin, o en cualquier activo, no es un camino libre de obstáculos. Pero con la preparación adecuada, la prudencia y el enfoque correcto, es posible navegar con confianza en las aguas, a veces turbulentas, del mundo criptográfico.

# ¿CÓMO Y DÓNDE COMPRAR BITCOIN?

Comprar Bitcoin puede parecer una odisea, pero una vez que conoces el proceso, es tan sencillo como hacer una transferencia bancaria

## Entendiendo Los Exchanges

Piensa en un exchange de criptomonedas como una casa de cambio física que visitas cuando viajas a otro país y necesitas cambiar tu moneda local por una extranjera. Solo que, en lugar de cambiar divisas físicas, estás intercambiando monedas digitales.

Hay varios exchanges conocidos, siendo Binance, Coinbase, Kraken, y Bitfinex algunos de los más destacados. Para el propósito de esta guía, nos centraremos en Binance, dado su renombre y seguridad probada.

## Proceso De Verificación Y Compra En Binance

### Regístrate

Ve al sitio web oficial de Binance y crea una cuenta usando tu dirección de correo electrónico y una contraseña robusta.

## Verificación de Identidad

Como medida de seguridad y regulación, Binance te pedirá que verifiques tu identidad. Esto implica subir documentos como tu identificación y, en ocasiones, una selfie sosteniendo esa identificación.

## Deposita Fondos

Tras verificar tu identidad, podrás depositar fondos en tu cuenta Binance. Puedes hacerlo mediante transferencia bancaria, tarjeta de crédito, entre otros métodos que Binance ofrece.

## Compra Bitcoin

Con el saldo en tu cuenta, dirígete a la sección de mercados, selecciona Bitcoin y realiza tu compra.

También puedes directamente ir a la opción de Comprar Criptomonedas, donde podrás directamente comprar BTC por medio de tu tarjeta de crédito/débito o transferencia bancaria. Todo el proceso te llevará menos de 10 minutos, pero recuerda que es importante que verifiques tu identidad primero.

## ¿Dónde Guardar tus Bitcoins?

Una vez que hayas adquirido tus bitcoins, es crucial decidir dónde guardarlos. Aunque los exchanges son lugares convenientes para mantener pequeñas cantidades de criptomonedas por su facilidad de acceso, no son la opción más segura para grandes sumas. Es aquí donde entra la célebre frase: "Not your keys, not your cryptos".

# GUARDANDO TUS BITCOINS: COLD WALLETS VS. HOT WALLETS

En el mundo de las criptomonedas, la seguridad es primordial. Una vez que has adquirido tus bitcoins, debes decidir dónde guardarlos. Aquí es donde entran las wallets o monederos, y hay dos categorías principales: Cold Wallets y Hot Wallets.

## Cold Wallets (Monederos Fríos)

Estos monederos no están conectados a internet, lo que los hace inmunes a hackeos online. Son la opción más segura para almacenar grandes cantidades de Bitcoin. Los más populares son dispositivos físicos como Ledger Nano S, Ledger Nano X y Trezor. Al configurar estos dispositivos, se te proporcionará una *frase semilla*, que es una serie de palabras que te permitirá recuperar tus bitcoins en caso de que pierdas el dispositivo. Es de suma importancia que anotes y guardes esta frase en un lugar seguro y nunca en línea.

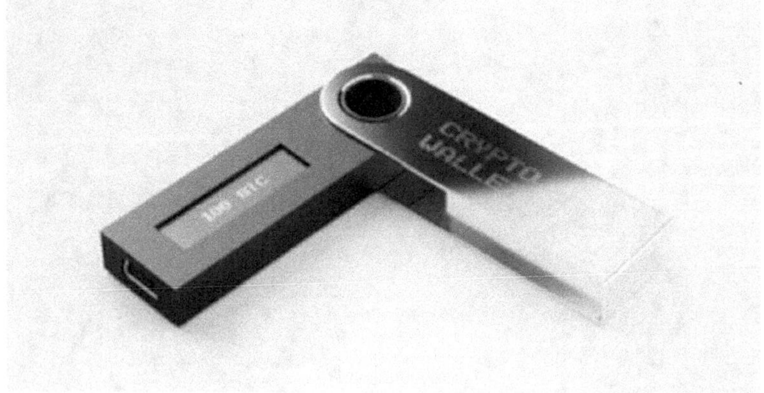

# Hot Wallets (Monederos Calientes)

Estos monederos están constantemente conectados a internet, lo que los hace prácticos para transacciones diarias, pero más vulnerables a ataques. Ejemplos incluyen Electrum, Exodus y MyEtherWallet. Al igual que con los monederos fríos, se te proporcionará una *frase semilla* cuando configures tu monedero caliente. Aunque estos monederos ofrecen mayor conveniencia, es vital mantener actualizadas las medidas de seguridad y ser cauteloso con la cantidad de bitcoins que almacenas en ellos.

## La Frase Semilla

42

No podemos subrayar lo suficiente la importancia de esta serie de palabras. Es tu línea de vida en el mundo de las criptomonedas. Si olvidas la contraseña de tu monedero o pierdes el acceso a él por alguna razón, la frase semilla es tu única forma de recuperar tus fondos. Nunca la compartas con nadie y guárdala en un lugar seguro, alejado de la vista y acceso de otras personas.

Recuerda: en el universo de las criptomonedas, tú eres tu propio banco. Eso viene con libertades increíbles, pero también con una gran responsabilidad. La seguridad de tus activos está en tus manos, y con las herramientas y el conocimiento adecuado, puedes asegurarte de que tu inversión esté protegida.

# VENTAJAS DEL DINERO DESCENTRALIZADO

Desde tiempos inmemoriales, hemos confiado en intermediarios para administrar y regular nuestro dinero. Sin embargo, en las últimas décadas, el sistema bancario tradicional ha mostrado numerosas fisuras, llevando a una serie de crisis financieras que afectan a la gente común y corriente. Bitcoin y otras criptomonedas ofrecen una solución y una alternativa a este paradigma.

El sistema bancario, en su esencia, centraliza el poder y la autoridad. Los bancos controlan no solo cómo gastamos o invertimos nuestro dinero, sino también cómo y cuándo lo accedemos. Además, estos intermediarios cobran comisiones a menudo exorbitantes y dictan las tasas de interés. Pero, ¿y si hubiera una forma de retomar ese control?

Bitcoin, al ser descentralizado, nos da esa oportunidad. No hay intermediarios, no hay tasas ocultas, y no hay un ente que dicte las reglas arbitrariamente.

Desde el colapso financiero global de 2008 hasta la crisis bancaria en Chipre en 2013, o incluso el corralito financiero en Argentina en 2001, hemos visto cómo los ahorros de toda una vida pueden evaporarse en un instante. Las respuestas de los gobiernos a estas crisis, como los rescates bancarios, a menudo dejan a la gente común sosteniendo la factura.

Ahora, imagine un mundo donde Bitcoin estuviera más integrado durante estas crisis. En lugar de depender de un banco, la gente podría haber tenido acceso a sus fondos en cualquier momento, sin miedo a bloqueos bancarios o confiscaciones. Bitcoin podría haber servido como un refugio seguro, un medio de salvaguardar el valor a pesar de las turbulentas olas financieras.

## Reflexiones Sobre El Futuro Del Dinero

El dinero, como lo conocemos, está evolucionando. En un mundo cada vez más digital, ¿no tiene sentido que nuestra moneda también lo sea? Bitcoin no es solo una moneda; es una tecnología, una red, y sobre todo, es una revolución. Mientras las criptomonedas continúen creciendo en adopción y aceptación, nos encaminamos hacia un futuro donde el poder financiero regresa a las manos de la gente, lejos de las garras de instituciones centralizadas.

Bitcoin no está aquí para reemplazar por completo el sistema bancario, al menos no de inmediato. Pero está cambiando el panorama, desafiando las normas y ofreciendo una promesa: la promesa de un sistema financiero más transparente, equitativo y controlado por el usuario.

A medida que avanzamos hacia ese futuro, es crucial que nos eduquemos y entendamos las herramientas a nuestra disposición. Bitcoin es una de esas herramientas, y su impacto en la próxima década será monumental.

# La Inflación Y La Dependencia Del Dólar

Argentina, como muchos otros países, ha enfrentado desafíos económicos considerables, con una tasa de inflación que asciende a un preocupante 109% anual. Esto ha llevado a una creciente dependencia del dólar estadounidense, utilizado no sólo como reserva de valor, sino también como moneda de referencia para muchas transacciones. Esta dependencia puede ser frágil, y si el dólar fluctúa, países como Argentina pueden sentir los efectos secundarios.

Aquí es donde entra Bitcoin. Con una cantidad máxima limitada a 21 millones de monedas, Bitcoin tiene un carácter intrínsecamente deflacionario. A diferencia de las monedas fiat, que pueden ser impresas en cantidades ilimitadas por los bancos centrales, la oferta de Bitcoin está predeterminada y no puede ser cambiada. Esta naturaleza deflacionaria significa que, a largo plazo, Bitcoin podría mantener —o incluso aumentar— su valor, en contraposición a las monedas fiat que se deprecian con el tiempo debido a la inflación.

## Ahorrando Para El Futuro

Aunque Bitcoin está sujeto a volatilidad, considerarla como una inversión a largo plazo podría ser prudente. En el momento de escribir este libro, Bitcoin se cotiza alrededor de los 26,000 USD. Sin embargo, expertos en el ámbito y analistas de renombre creen que, en la próxima década, podría superar fácilmente los 100,000 USD. Por supuesto, como cualquier inversión, es esencial hacer la debida diligencia y estar informado.

Si bien invertir en Bitcoin no es una solución mágica para los problemas económicos de un país, sí ofrece a los individuos una herramienta para protegerse contra la inestabilidad económica y la devaluación del dinero fiat.

Para aquellos en Argentina y en otras partes del mundo que enfrentan situaciones similares, la descentralización, la resistencia a la censura y la naturaleza deflacionaria de Bitcoin pueden ser vistas como un faro de esperanza en un mar financiero turbulento.

# CONCLUSIÓN: BITCOIN Y EL AMANECER DE UN NUEVO MUNDO

Al mirar hacia atrás en la historia de la humanidad, encontramos momentos cruciales que han redefinido nuestra civilización: la invención de la rueda, el descubrimiento de la electricidad, la creación de la imprenta. Y aunque pueda parecer audaz decirlo, Bitcoin y la tecnología blockchain están preparados para unirse a esa lista de revoluciones paradigmáticas.

Bitcoin, más allá de ser una simple moneda, es una manifestación de nuestra capacidad para evolucionar y adaptarnos a las realidades cambiantes. Vivimos en una época de globalización, interconexión y digitalización. En este contexto, Bitcoin se erige como una respuesta a las instituciones financieras arcaicas y como un baluarte contra la erosión inflacionaria del poder adquisitivo. Representa la libertad de transacción, la transparencia en las operaciones y la democratización del dinero.

Lo que comenzó como un experimento, como una idea plasmada en un whitepaper, ahora se está convirtiendo en una fuerza que podría remodelar la manera en que operan las economías, cómo ahorramos para el futuro y cómo concebimos el valor. Pero, como con todas las revoluciones, es imperativo no quedarse atrás.

La revolución financiera que está ocurriendo no espera a nadie. Es una marea en constante movimiento y cambio. Pero ¿qué significa esto para ti? Significa una invitación. Una invitación a seguir aprendiendo, a mantener la mente abierta y a ser parte activa de esta nueva era. La adaptabilidad es la clave del éxito en cualquier revolución, y esta no es la excepción.

Así que mientras cierras este libro, ten presente que este no es el final del viaje, sino más bien el comienzo. Un comienzo que te empuja a profundizar, a cuestionar y, lo más importante, a actuar. Porque, como he aprendido a lo largo de mi vida, el conocimiento sin acción es simplemente eso: conocimiento. Y es la acción la que verdaderamente transforma al mundo.

Deséandote éxito, claridad y determinación en tu camino, espero que esta obra te haya iluminado y motivado a explorar aún más el fascinante universo de Bitcoin y las criptomonedas. Nos encontramos en el amanecer de una nueva era financiera. ¿Estás listo para formar parte de ella?